Wir lieben das Landleben.

Es muss nicht immer Eintopf sein! Dass Sie mit Grünkohl die abwechslungsreichsten, leckersten Gerichte zubereiten können, zeigen Ihnen die kreativen Rezeptideen in diesem Buch. Ob Risotto, Auflauf, Salat, Suppe, Gratin, Puffer: Mit Grünkohl ist fast alles möglich.

Schlemmen, genießen und die Gesundheit stärken! Dafür ist dieses Gemüse ideal. Grünkohl ist zum Beispiel eine Vitamin-C-Bombe. Der hohe Gehalt dieses für unser Immunsystem so wichtigen Vitamins bleibt bei der Lagerung und größtenteils auch bei der Zubereitung erhalten.

Vorwort

Besonders im Winter tun Sie sich etwas Gutes, wenn Sie den Grünkohl öfter mal auf den Speiseplan setzen. Auch ist Grünkohl reich an Calcium. Damit ist er eine perfekte Alternative für alle, die auf Milchprodukte allergisch reagieren oder sie schlicht nicht mögen. Sollten e sich vorzugsweise vegetarisch oder vegan ıähren: In dieser Rezeptauswahl werden Sie ıdig.

gibt also gute Gründe, sich dem Grünkohl der Küche zuzuwenden. Lassen Sie sich inspirieren, was sich mit Grünkohl alles „anrichten" lässt. Ich empfehle u. a. das „Grünkohl-Curry mit Couscous" von Seite 58. Wenn Ihnen das zu orientalisch ist: Der „Grünkohl-Auflauf mit Knusperhaube" schmeckt phantastisch und ist einfach in der Zubereitung.

Ich wünsche Ihnen ein gutes Gelingen mit den „Leckeren Grünkohl-Rezepten".

Janny Hebel

Grünkohl-Pesto S. 34

Schwedische Grünkohltorte S. 88

INHALT

LECKERE Grünkohl-Rezepte

Suppen & Salate

Grünkohl-Graupen-Salat
mit gebratenem Zander 6
Grünkohl-Kichererbsen-
Suppe 8
Grünkohlsalat mit Sardellen ... 10
Grünkohlsalat
mit Lachsterrine 12
Grünkohlsalat mit Mango 16
Toskanischer
Grünkohleintopf 18

Vorspeisen & Beilagen

Blätterteigtaschen mit Grünkohl .. 24
Gratinierter Grünkohl
mit Tomaten 26
Grünkohl „Italienische Art" 28
Grünkohl-Chips 30
Grünkohl-Omelette (Frittata) 32
Grünkohl-Pesto 34
Grünkohl-Risotto 36
Grünkohl-Soufflés 38

Hauptgerichte

Galizischer Grünkohleintopf 42
Grünkohl „Norddeutsche Art" 44
Grünkohl mit Linsen 46
Grünkohl mit Pasta 48
Grünkohlauflauf „Mediterrane Art" 50
Grünkohlauflauf mit Birnen 52
Grünkohlauflauf mit Knusperhaube 54
Grünkohlbällchen an Senfsauce 56
Grünkohl-Curry mit Couscous 58
Grünkohleintopf mit Steinpilzen (vegan) 60
Grünkohl-Gratin 62
Grünkohl-Kürbis-Pastete 64
Grünkohl-Maultaschen 66
Grünkohlpuffer 70
Grünkohlstrudel mit Schnittlauchsauce 72
Italienische Pfannkuchen mit Grünkohl (Crespelle) 74
Klöße mit Grünkohl-Hackfleisch-Füllung 76
Orangen-Grünkohl mit Entenbrust an Orangensauce 80
Paprika mit Grünkohlfüllung 84
Schwedische Grünkohltorte 88

Suppen & Salate

Grünkohl-Graupen-Salat

MIT GEBRATENEM ZANDER

ZUTATEN *(für 4 Personen)*

FÜR DEN SALAT:
600 g frischer Grünkohl (gezupft)
Butter, 3 Schalotten
300 g Perlgraupen
600 ml Geflügelfond
50 g durchwachsener Bauchspeck
½ TL Salz, Muskat, ½ TL Zucker
100 g bunter Pfeffer aus der Mühle
geriebene Zitronenrinde
halbgetrocknete Tomaten

FÜR DEN ZANDER:
700 g Zanderfilets mit Haut
1 unbehandelte Limette
gesalzene Butter
Meersalz

Grünkohl-Graupen-Salat
MIT GEBRATENEM ZANDER

ZUBEREITUNG

DEN GRÜNKOHL waschen und in kochendem Wasser blanchieren. Dann in Eiswasser abschrecken und auf einem trockenen Tuch abtropfen lassen.

BUTTER in einem Topf zerlassen und eine gewürfelte Schalotte darin anschwitzen. Die gewaschenen Perlgraupen hinzufügen und kurz mit anschwitzen. Mit Geflügelfond auffüllen und mit Muskat würzen. Anschließend 20 Minuten unter stetigem Rühren bissfest garen, dann mit Salz abschmecken.

DEN BAUCHSPECK klein würfeln und in einem Topf auslassen. Die restlichen gewürfelten Schalotten darin anschwitzen, den Grünkohl hinzufügen und mit Zitronenrinde, Salz, Muskat, Zucker und buntem Pfeffer würzen. Die halbgetrockneten Tomaten dazugeben. Alles gut durchschwenken und die Graupen mit dem Grünkohl mischen.

DIE ZANDERFILETS entschuppen, entgräten, waschen, trocken tupfen und portionieren. Die Haut mit einem scharfen Messer einritzen. Die Filets auf den Innenseiten mit etwas Limettensaft beträufeln. Butter in der Pfanne erhitzen und den Zander mit der Hautseite hineingeben. Filets mit der heißen Butter übergießen, bis der gewünschte Garpunkt erreicht ist. Mit Meersalz bestreuen und auf dem Salat anrichten.

ZUTATEN *(für 4 Personen)*

3 EL Olivenöl
75 g durchwachsener Speck
1 Zwiebel
1 Knoblauchzehe
2 Möhren
2 Stangen Sellerie
1 kleine Fenchelknolle
500 g Tomaten (Dose)
400 g Kichererbsen (Dose)

600 ml Hühnerfond
1 Zweig Rosmarin
1 Zweig Thymian
1 Stängel Petersilie
1 Lorbeerblatt
500 g Grünkohl
Salz, schwarzer Pfeffer
Geriebener Parmesan (zum Anrichten)

Grünkohl-Kichererbsen-Suppe

ZUBEREITUNG

DEN SPECK würfeln. Das Olivenöl in einem großen Topf auf kleiner Stufe erhitzen und die Speckwürfel darin braten, bis sie etwas Farbe angenommen haben und das Fett zum großen Teil ausgebraten ist.

DIE ZWIEBEL und die Knoblauchzehe abziehen und klein schneiden. Die Möhren schälen, Sellerie und Fenchel putzen und waschen. Den Fenchel halbieren und den Strunk entfernen. Das Gemüse klein würfeln und zusammen mit Zwiebel und Knoblauch zum Speck geben. Das Ganze 10–15 Minuten garen lassen, bis das Gemüse weich ist und eine goldbraune Farbe angenommen hat.

DIE TOMATEN grob hacken und unter das Gemüse mischen. Weiter kochen lassen, dann Kichererbsen, Hühnerfond und Kräuter dazugeben. Alles 1,5 Stunden auf niedriger Stufe leicht köcheln lassen.

ETWA 10 MINUTEN vor dem Servieren die Kräuter entfernen und den vorher gründlich gewaschenen und in Streifen geschnittenen Grünkohl unterrühren. Mit Salz und Pfeffer abschmecken und weiter köcheln lassen, bis die Grünkohlstreifen die gewünschte Konsistenz haben. In vorgewärmten Suppenteller servieren und den Parmesan dazureichen.

Grünkohl-Kichererbsen-Suppe

Grünkohlsalat mit Sardellen

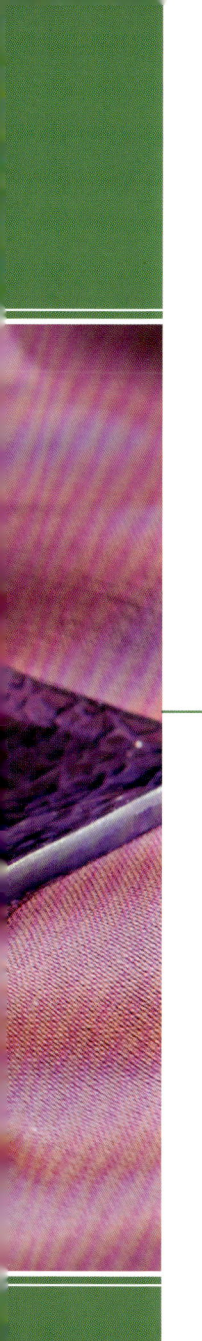

ZUTATEN *(für 4 Personen)*
500 g frischer Grünkohl
4 EL Rotweinessig
6 EL Öl
1 Zwiebel
4 Sardellenfilets
Zitronensaft nach Geschmack
Salz, Pfeffer
125 ml saure Sahne
2 hartgekochte Eier

Grünkohlsalat mit Sardellen

ZUBEREITUNG

DEN GRÜNKOHL waschen, von den Rippen streifen und anschließend in sehr feine Stücke schneiden. Diese in einer Schüssel mit Essig und Öl vermischen und im Kühlschrank zugedeckt ca. 90 Minuten ziehen lassen.

DIE ZWIEBEL abziehen und wie die Sardellenfilets fein hacken. Aus der Zwiebel und den Sardellen mit Zitronensaft, Salz, Pfeffer und saurer Sahne eine würzige Sauce herstellen. Diese Sauce mit dem Grünkohl vermischen. Den Grünkohlsalat vor dem Servieren mit Scheiben von den hartgekochten Eiern garnieren.

Grünkohlsalat

ZUTATEN
(für 4 Personen)

FÜR DIE LACHSTERRINE:
500 g Lachs
300 ml Sahne
2 Eiweiß
1 Bund Dill
1 Zitrone

FÜR DEN SALAT:
400 g frischen Grünkohl
2 Blutorangen
50 g Zucker
1 Limone
100 ml Olivenöl
30 ml weißer Balsamico
Salz, Pfeffer

mit Lachsterrine

Grünkohlsalat

ZUBEREITUNG

FÜR DIE TERRINE:

DAS LACHSFILET für 10 Minuten in den Gefrierschrank legen. Dann in eine Küchenmaschine geben, mit Salz und Pfeffer würzen. Den Saft einer ½ Zitrone hinzufügen und grob zerkleinern. Dann die Sahne und das Eiweiß langsam hineingeben und mit dem Fisch pürieren, so dass eine cremige Masse entsteht. Anschließend die Lachsfarce noch einmal abschmecken.

FRISCHHALTEFOLIE in einer Länge von 30 cm auf dem Tisch auslegen, darauf die Fischfarce geben. Das Ganze wie ein Bonbon zusammen- und zusätzlich noch einmal in Alufolie rollen. Stramm festziehen, damit kein Wasser eindringen kann. Dann in einen Topf mit kochendem Wasser geben, den Herd auf geringe Hitze einstellen, den Deckel auflegen

mit Lachsterrine

und die Farce 20 Minuten zugedeckt ziehen lassen. Abschließend Dill zupfen und auf einem Blech bei 60 °C im Backofen trocknen lassen. Alternative: Getrockneten Dill verwenden.

FÜR DEN GRÜNKOHLSALAT:
DEN GRÜNKOHL für eine Minute in stark gesalzenem kochenden Wasser blanchieren. Anschließend herausheben und mit kaltem Wasser abschrecken. Der Grünkohl sollte noch etwas bissfest sein. Dann klein schneiden.

EINE BLUTORANGE schälen und den Saft auspressen. Zucker in einen Topf geben und bei kleiner Hitze karamellisieren. Dann mit dem Orangensaft ablöschen und kurz sanft köcheln lassen. Den Balsamico dazugießen und alles abkühlen lassen. Dann mit einem Pürierstab pürieren, dabei das Olivenöl langsam einlaufen lassen. Die Blutorangen-Vinaigrette mit Salz, Pfeffer und dem Abrieb einer Limone abschmecken.

AUS DER ANDEREN BLUTORANGE Filets schneiden. Den Grünkohl in etwas Öl leicht erwärmen und vorsichtig mit der Blutorangen-Vinaigrette vermengen, dann die Orangenfilets dazugeben. Den Salat in tiefen Tellern anrichten. Anschließend die Fischterrine aus den Folien wickeln, durch den getrockneten Dill rollen und in Scheiben schneiden. Jeweils eine Scheibe der Lachsterrine auf die Salatteller geben und mit etwas Vinaigrette beträufeln.

ZUTATEN *(für 4 Personen)*

FÜR DEN SALAT:
600 g frischer Grünkohl
1½ l Gemüsebrühe (Instant)
50 g Pinienkerne
200 g Kirschtomaten
1 Mango

FÜR DIE VINAIGRETTE:
1 Schalotte
2 TL Senf (mittelscharf)
3 – 4 EL flüssiger Honig
175 ml Weißweinessig
4 EL Olivenöl

AUSSERDEM:
150 g Blauschimmelkäse
(z. B. Roquefort)

Grünkohlsalat mit Mango

ZUBEREITUNG

DEN GRÜNKOHL gründlich putzen, dabei die harten Stielansätze herausschneiden. Grünkohl klein schneiden und gründlich waschen, danach in einem Sieb abtropfen lassen. Brühe in einem großen Topf aufkochen, den Grünkohl hinzufügen, ebenfalls aufkochen und bei mittlerer Hitze 12 – 15 Minuten garen.

INZWISCHEN DIE PINIENKERNE in einer Pfanne ohne Fett unter Wenden goldgelb rösten. Aus der Pfanne nehmen und auskühlen lassen. Die Kirschtomaten waschen, abtropfen lassen und halbieren.

DEN GRÜNKOHL in ein Sieb geben und gut abtropfen lassen. Die Mango schälen, 2 große Stücke längs am Kern abschneiden und in Spalten schneiden. Das übrige Fruchtfleisch um den Kern herum in kleinen Stücken abschneiden und pürieren.

FÜR DIE VINAIGRETTE die Schalotte abziehen und sehr fein würfeln. Senf, Honig und Essig mit dem Schneebesen aufschlagen. 4 EL Mangopüree und die Schalottenwürfel unterrühren. Das Öl mit dem Schneebesen darunter schlagen.

DEN KÄSE zerbröseln. Grünkohl, Kirschtomaten und Mangospalten vorsichtig vermengen. Die Vinaigrette darüber gießen und den Salat mischen. Auf einer Platte anrichten, mit Pinienkernen und Käsebröseln bestreuen und servieren.

Grünkohlsalat mit Mango

Toskanischer Grünkohl

eintopf

ZUTATEN

(für 4 Personen)
Olivenöl
2 Zwiebeln in Ringen
4 Möhren in dicken Scheiben
3 Stangen Sellerie in dicken Scheiben
5 Knoblauchzehen
(3 durchgepresst, 2 ganz)
2 kleine Zucchini
in Scheiben
1 rote Paprikaschote
in Streifen
5 Blätter Salbei
1 Zweig Rosmarin
750 g frischer Grünkohl
(entstielt und gewaschen)
400 g Cannellini-Bohnen
(oder weiße Bohnen) aus der Dose
6 Tomaten in langen Streifen
12 Scheiben Brot oder Baguette
3 l Hühnerbrühe
8 EL Parmesan, frisch gerieben
Salz, schwarzer Pfeffer

Toskanischer Grünkohl

ZUBEREITUNG

IN EINEM GROSSEN TOPF bei mittlerer Hitze 3 EL Olivenöl erhitzen. Die Zwiebelringe darin unter Rühren weich dünsten. Möhren, Sellerie und den durchgepressten Knoblauch dazugeben und 2–3 Minuten braten. Dabei ständig weiterrühren. Dann Zucchini, Paprika, Salbei und Rosmarin einrühren und so lange braten, bis die Zucchini weich zu werden beginnen (ca. 4–5 Minuten). Dann das Ganze in eine Schüssel geben.

DEN GEWASCHENEN NASSEN GRÜNKOHL in den Topf geben und zugedeckt bei mittlerer Hitze dämpfen. Nach ca. 3 Minuten wenden und weiterdämpfen, bis der Grünkohl zusammengefallen ist (ca. 2–3 Minuten). Danach auf ein Abtropfsieb geben und den Sud auffangen. Den Grünkohl grob hacken und zusammen mit dem Sud zum Gemüse in die Schüssel geben. Die abgespülten, abgetropften Bohnen, die Tomaten und Salz unter die Gemüsemischung heben, alles gut vermengen und abschmecken.

DEN BACKOFENGRILL (Oberhitze) auf maximale Temperatur vorheizen. Die Brotscheiben auf ein Backblech legen und im Ofen goldbraun toasten. Die Ofentemperatur auf 200 °C herunterschalten.

EINE SCHICHT DER GEMÜSEMISCHUNG in den Topf geben und mit einer Lage (6 Scheiben) getoastetem Brot bedecken. Dann die Hälfte der restlichen Gemüsemischung darauf schichten, die letzten 6 Brotscheiben darauf legen und mit der zweiten Hälfte der Gemüse-

eintopf

mischung abschließen. Anschließend so viel Brühe zugießen, dass sie knapp an den Rand der obersten Gemüseschicht heranreicht. Die Oberfläche der Gemüseschicht soll nicht mit Brühe bedeckt sein.

IN EINER KLEINEN PFANNE bei mittlerer Hitze 4 EL Olivenöl erhitzen, die 2 ganzen Knoblauchzehen dazugeben und 5 Minuten köcheln lassen. Die Knoblauchzehen wieder entfernen und etwas von dem Öl über das Gemüse träufeln.

DEN TOSKANISCHEN GRÜNKOHLEINTOPF (Ribollita) in den Backofen geben und ca. 30–45 Minuten schmoren, bis die Oberfläche goldbraun ist. Vor dem Servieren 5 Minuten ruhen lassen. Mit etwas Olivenöl beträufeln und mit Parmesan und Pfeffer bestreuen.

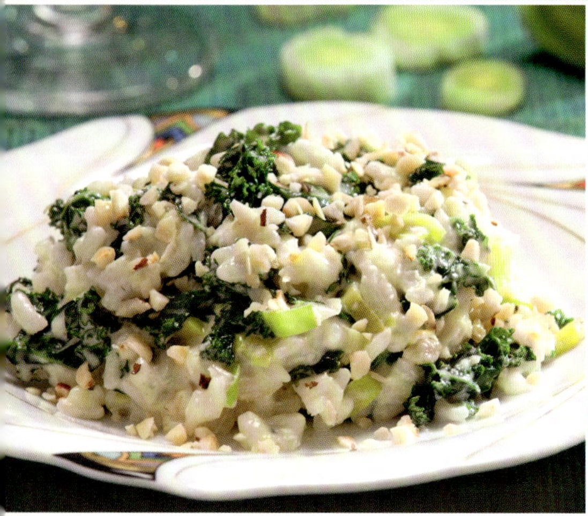
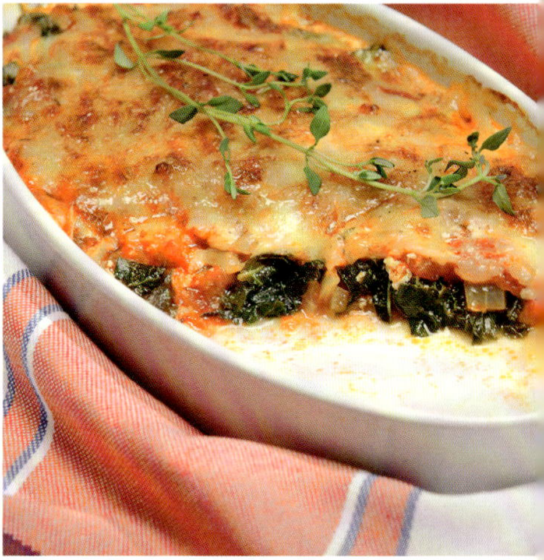
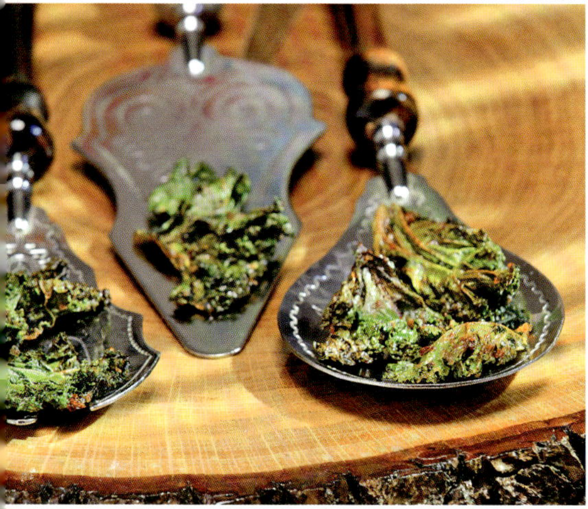
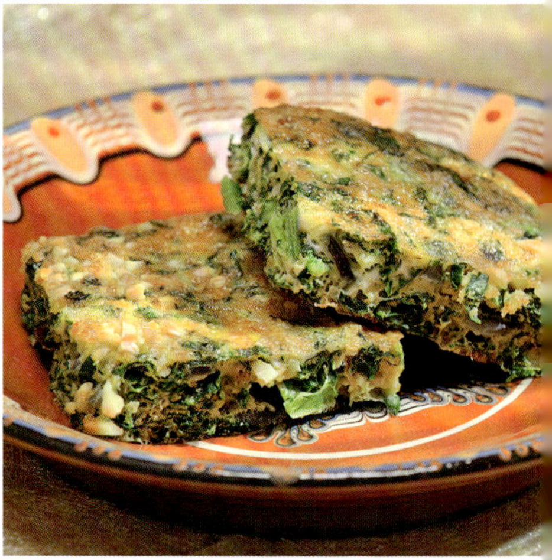

Vorspeisen & Beilagen

Blätterteigtaschen mit Grünkohl

ZUTATEN *(für 4 Personen)*
2 Packungen TK-Blätterteig
(einzelne Platten)
Öl
500 g frischer Grünkohl
Salz
1 Zwiebel
1 Knoblauchzehe

100 g Mortadella am Stück
300 g Salsiccia (rohes Bratwurstbrät)
2 Eier, ca. 1 EL Semmelbrösel
5 EL frisch geriebener Parmesan
2 EL gehackte Petersilie
Pfeffer, Muskat, frisch gerieben
2 EL Milch

Blätterteigtaschen mit Grünkohl

ZUBEREITUNG

ZUNÄCHST ein Backblech fetten und mit Backpapier auslegen. Den Blätterteig nach Packungsanleitung zugedeckt auftauen lassen. Den Backofen bei ca. 200 °C Ober- und Unterhitze (Umluft: ca. 180 °C) vorheizen.

GRÜNKOHL gründlich waschen. Die Grünkohlblätter von den Strünken zupfen und in Salzwasser bissfest garen. In ein Sieb abschütten und etwas abkühlen lassen. Dann die Blätter ausdrücken und fein hacken. Zwiebel und Knoblauchzehe abziehen, klein würfeln und in Öl glasig dünsten. Brät und Grünkohl untermischen und 5 Minuten schmoren. Vom Herd nehmen und etwas abkühlen lassen.

MORTADELLA sehr klein würfeln und mit einem Ei, Semmelbröseln, Parmesan und Petersilie unter die Brätmasse rühren. Mit Salz, Pfeffer und Muskat würzig abschmecken. Falls nötig, noch Semmelbrösel dazugeben, bis die Masse eine feste Konsistenz hat.

EIN EI trennen. Das Eiweiß verquirlen und die Ränder der Blätterteigplatten damit bestreichen. Jeweils etwas von dem Brät in die Mitte einer Dreieckshälfte geben. Die Teigplatten zu Dreiecken zusammenfalten und die Teigränder – am besten mit einer Gabel – fest zusammendrücken. Auf das vorbereitete Backblech geben. Eigelb mit Milch verquirlen und die Teigoberfläche damit bestreichen. Die Blätterteigtaschen für ca. 20 Minuten in den Backofen geben.

ZUTATEN *(für 4 Personen)*

600 g Grünkohl
1 Zwiebel
2 EL Olivenöl
400 g geschälte Tomaten
(aus der Dose)
Salz, Pfeffer
1 TL Thymian
100 g Edamer
100 ml Milch
Muskatnuss, frisch gerieben

Gratinierter Grünkohl
MIT TOMATEN

ZUBEREITUNG

DEN GRÜNKOHL WASCHEN und den Strunk entfernen. Anschließend grob hacken und in Salzwasser 5 Minuten kochen lassen. Durch ein Sieb abgießen, abschrecken, abtropfen lassen und zur Seite stellen. Die Zwiebel abziehen und fein würfeln. ½ EL Öl in einem Topf erhitzen und die Zwiebelwürfel darin andünsten. Die Tomaten mit dem Saft hinzufügen, mit Salz, Pfeffer und Thymian würzen. Dann ohne Deckel zu einer Sauce von dicklicher Konsistenz einköcheln lassen.

DEN BACKOFEN auf 200 °C vorheizen. Den Käse reiben, mit Milch verrühren und dann mit Salz, Pfeffer und Muskat kräftig würzen.

EINE FLACHE, GROSSE und ofenfeste Auflaufform dünn mit Öl einfetten. Die Hälfte der Tomatensauce hineinfüllen. Den Grünkohl mit 1 EL Öl mischen, mit Salz und Pfeffer würzen und in die Form geben. Mit der übrigen Tomatensauce bedecken. Zuoberst die Milch-Käse-Mischung gleichmäßig verteilen. Abschließend das Gratin im Ofen auf der mittleren Schiene bei 180 °C Umluft ca. 30 Minuten überbacken, bis die Oberfläche eine goldbraune Farbe angenommen hat.

Gratinierter Grünkohl

MIT TOMATEN

Grünkohl „Italienische Art"

ZUTATEN *(für 4 Personen)*

1 kg Grünkohl (Nettogewicht: 600 g)
2 Knoblauchzehen
1 Zwiebel
3 eingelegte Sardellenfilets (Glas)
Abrieb von 1 Zitrone (unbehandelt)
400 g weiße Bohnen (aus der Dose)
2 EL Olivenöl
300 ml Gemüsebrühe
Salz, Pfeffer

Grünkohl „Italienische Art"

ZUBEREITUNG

DEN GRÜNKOHL gründlich waschen. Die harten Blattstrünke entfernen und die Grünkohlblätter in feine Streifen schneiden. Knoblauchzehen und Zwiebel abziehen. Die Knoblauchzehen in Scheiben schneiden und die Zwiebel fein würfeln.
Die Sardellen abtropfen lassen und klein hacken.
Die Zitrone abwaschen und die Schale abreiben. Eventuell für die Dekoration feine Zesten abziehen.
Die Bohnen in einem Sieb abbrausen.

ÖL IN EINEM GROSSEN TOPF erhitzen. Knoblauch und Zwiebel darin andünsten. Sardellen, Grünkohl und Brühe zugeben und 5 Minuten köcheln lassen. Die Bohnen unterheben und mit Salz, Pfeffer und Schalenabrieb würzen. Eventuell mit Zitronenzesten garnieren.

ZUTATEN *(für 4 Personen)*
1 Bund Grünkohl (ca. 20 Blätter)
2 TL Olivenöl
1 TL Ahornsirup
1 EL Hefeflocken (Reformhaus)
1 EL Wasser
1/8 TL Salz
1 Prise Cayennepfeffer

Grünkohl-Chips

ZUBEREITUNG

GRÜNKOHLBLÄTTER von den Stielen streifen und grob hacken. Alle Zutaten außer dem Grünkohl zu einem Dressing verquirlen und über den Grünkohl gießen. Das Ganze so lange vermengen, bis der Grünkohl ganz mit Dressing bedeckt ist.

DEN GRÜNKOHL auf Backblechen ausbreiten und ca. 7 Stunden bei 110 °C Umluft im Backofen dörren, bis er knusprig ist.

TIPP: *Bei erhöhter Temperatur lassen sich die Chips schneller zubereiten, allerdings muss man dann achtgeben, dass sie nicht verbrennen.*

Grünkohl-Chips

Grünkohl-Omelette
(FRITTATA)

INFO: *Eine Frittata ist ein italienisches Omelette. Sie wird warm oder kalt, als Vorspeise oder Hauptgericht serviert oder in kleinen Häppchen zum Aperitif gereicht. Frittata werden häufig mit Gemüse, Zwiebeln oder Pilzen und Kräutern zubereitet. In einer Frittata lassen sich auch gut Reste verwerten. So findet man in Italien oft auch Varianten mit Fleisch (z. B. Schinken) oder Fisch (z. B. Garnelen).*

ZUTATEN *(für 4 Personen)*
1 Bund Petersilie
1 Bund Basilikum
200 g frischer Grünkohl
1 Zwiebel (mittlere Größe)
1 Knoblauchzehe
2 EL Olivenöl
8 Eier (Größe M)
3 Prisen Salz
1 Prise Pfeffer
2 Prisen Muskat (frisch gerieben)
15 g gehackte Mandeln

Grünkohl-Omelette
(FRITTATA)

ZUBEREITUNG

DIE KRÄUTER und den Grünkohl waschen, entstielen und hacken. Zwiebel und Knoblauchzehe abziehen und klein schneiden. 1 EL Öl in der Pfanne erhitzen. Die Zwiebel und den Knoblauch darin bei schwacher Hitze glasig dünsten. Die Kräuter und den Grünkohl dazugeben, kurz zusammenfallen und abkühlen lassen.

DIE EIER in einer Schüssel mit einer Gabel verschlagen, salzen, pfeffern und mit Muskat würzen. Die Kräuter-Grünkohl-Mischung darunter ziehen. Das restliche Öl in der Pfanne erhitzen und die zuvor gehackten Mandeln kurz darin anbraten. Dann die Ei-Masse in die Pfanne geben und bei mittlerer Hitze ca. 7 Minuten zugedeckt stocken lassen. Das Omelette vorsichtig wenden und in 3 Minuten fertig braten. Warm oder kalt servieren.

TIPP: *Dazu passt ein Tomatensalat wunderbar.*

ZUTATEN *(für 4 Personen)*
4 – 5 Tassen Grünkohl, gewaschen, gezupft, gehackt
2 Knoblauchzehen
¼ Tasse Extra Natives Olivenöl
¼ Tasse geriebener Parmesan
¼ Tasse Pinienkerne
½ TL Salz, Pfeffer
Zitronensaft (Menge nach Geschmack)

Grünkohl-Pesto

ZUBEREITUNG

DEN GRÜNKOHL und die geschälten Knoblauchzehen in ein Sieb geben und über der Spüle mit kochendem Wasser (ca. 5 Tassen) übergießen.

DIE PINIENKERNE in einer Pfanne ohne Fett goldbraun rösten.

GRÜNKOHL, Knoblauch, Olivenöl, Parmesan und Pinienkerne in einer Küchenmaschine zu einer glatten Paste pürieren. Das Pesto mit Salz, Pfeffer und Zitronensaft abschmecken.

TIPP: *Das Grünkohl-Pesto ist als Aufstrich für Cracker oder als Brotaufstrich ein Genuss. Es schmeckt auch hervorragend auf heißer Pasta, zu Bratkartoffeln oder Ofengemüse.*

Grünkohl-Pesto

Grünkohl-Risotto

ZUTATEN *(für 4 Personen)*
2 ½ Tassen Reis (am besten Avorio)
5 Tassen Gemüsebrühe
250 g frischer Grünkohl
2 Stangen Lauch
3 EL Butter
2 Tassen Schlagsahne
1 TL Salz
1 Tasse geriebener Käse
2 – 3 EL grob gehackte Haselnüsse

Grünkohl-Risotto

ZUBEREITUNG
DEN REIS in der Gemüsebrühe mit ganz geringer Hitze kochen. Den geputzten und gewaschenen Grünkohl sowie den geputzten und gewaschenen Lauch in kleine Stücke bzw. Scheiben schneiden.

BUTTER in einer großen Pfanne zerlassen und das Gemüse darin braten. Die Sahne zugeben und alles salzen. Anschließend bei schwacher Hitze 5 – 10 Minuten kochen. Dann das Gemüse zusammen mit dem Käse in den gekochten Reis geben. Alles miteinander verrühren, sofort auf Tellern anrichten und mit den Haselnüssen bestreuen.

INFO: *Avorio- (auch Aborio-) Reis ist eine Rundkorn-Reissorte, die vor allem im Norden Italiens (Po-Ebene) angebaut wird. Avorio-Reis kocht leicht sämig, mit bissfestem Kern, und ist ideal für Risotto und Reisgerichte wie z. B. Paella.*

ZUTATEN *(für 4 Personen)*

400 g frischer Grünkohl	1 TL Paprikapulver (edelsüß)
Salz	100 ml Milch
60 g Schalotten	50 ml Gemüsefond
2 Knoblauchzehen	5 Eier
30 g Butter	Pfeffer
20 g Mehl	2 EL Paniermehl

Grünkohl-Soufflés

ZUBEREITUNG

GRÜNKOHL putzen, waschen und 3 Minuten in reichlich Salzwasser blanchieren, durch ein Sieb abgießen, abschrecken und abtropfen lassen.

SCHALOTTEN und Knoblauchzehen abziehen und fein würfeln. 20 g Butter in einem Topf erhitzen, Schalotten- und Knoblauchwürfel darin ca. 1 Minute andünsten. Mit Mehl und Paprikapulver bestäuben und eine weitere Minute dünsten. Mit Milch und Gemüsefond auffüllen und aufkochen. Dann bei schwacher Hitze 5 Minuten kochen.

DIE SAUCE von der heißen Herdplatte ziehen und etwas abkühlen lassen. Die Eier trennen. Das Eigelb unter die Sauce ziehen und diese mit Salz und Pfeffer würzen.

DEN GRÜNKOHL sehr fein hacken und unter die Sauce heben. 6 Förmchen mit der restlichen Butter gut einstreichen und mit Paniermehl ausstreuen.

DAS EIWEISS mit einer Prise Salz steif schlagen und unter die Grünkohlmasse heben. Anschließend die Masse in die Förmchen füllen und im vorgeheizten Backofen bei 190 °C Ober- und Unterhitze (Gas Stufe 2–3, Umluft 20 Minuten bei 170 °C) auf der 2. Einschubleiste von unten 25 Minuten garen.

Grünkohl-Soufflés

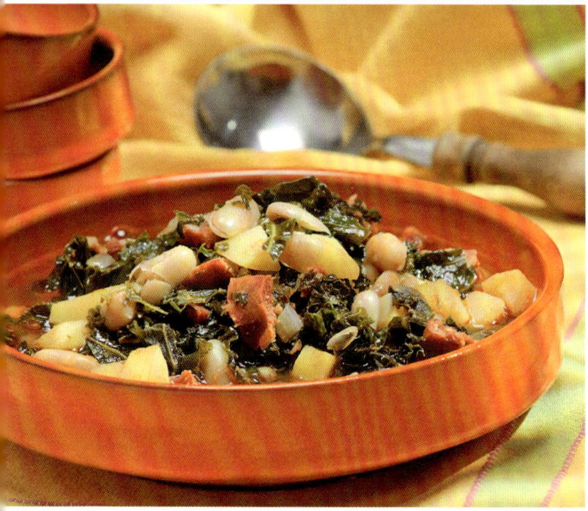

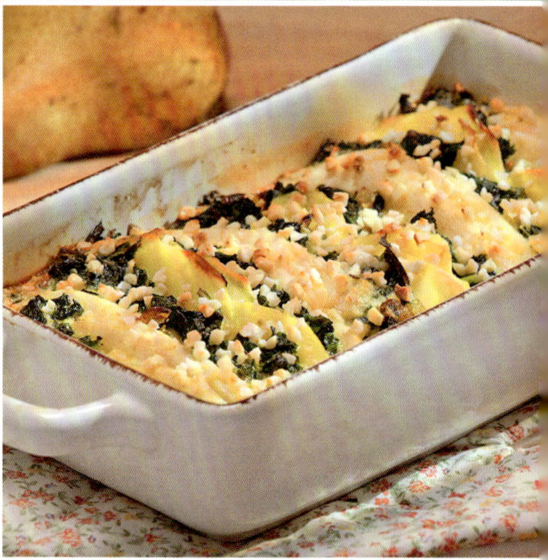

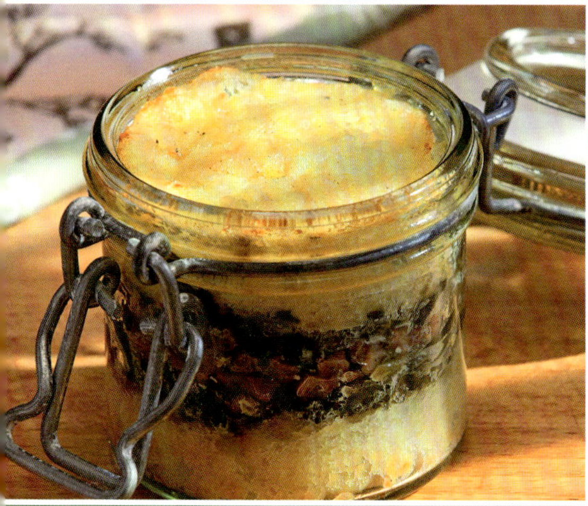

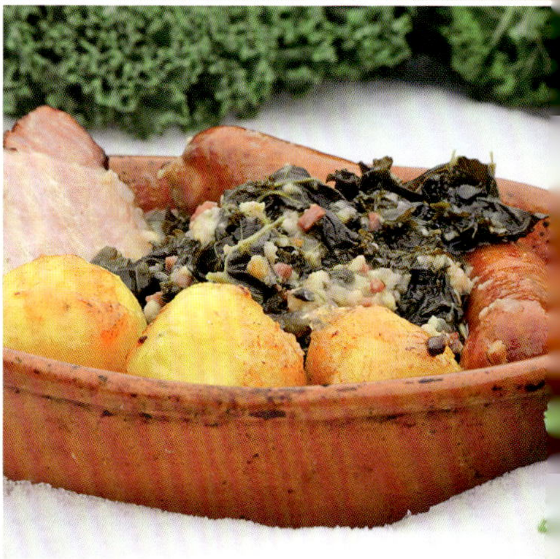

Hauptgerichte

Galizischer Grünkohleintopf

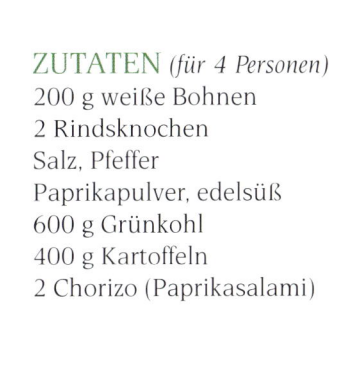

ZUTATEN *(für 4 Personen)*
200 g weiße Bohnen
2 Rindsknochen
Salz, Pfeffer
Paprikapulver, edelsüß
600 g Grünkohl
400 g Kartoffeln
2 Chorizo (Paprikasalami)

Galizischer Grünkohleintopf

ZUBEREITUNG

DIE BOHNEN über Nacht in kaltem Wasser einweichen. Am nächsten Tag mit den Rindsknochen in einem Topf mit 2 l Wasser zum Kochen bringen. Salz, Pfeffer und Paprikapulver hinzugeben und eine Stunde zugedeckt köcheln lassen.

DEN GRÜNKOHL von den Strünken befreien, gründlich waschen und klein hacken. Die Kartoffeln schälen, waschen und würfeln. Die Chorizo in kleine Stücke schneiden.

DIE RINDSKNOCHEN aus dem Topf nehmen. Grünkohl, Kartoffeln und Chorizo zu den Bohnen in den Topf geben. Das Ganze weitere 30 Minuten köcheln lassen. Anschließend sofort servieren.

TIPP: *Galizien liegt im Norden Spaniens. Die landestypische Version wird statt Grünkohl mit Rübstiel/Stielmus (das sind die Blätter von Speiserüben) zubereitet.*

ZUTATEN (für 4 Personen)

- 50 g Schweineschmalz
- 750 g Bauchspeck
- 2 große Zwiebeln
- 1 kg frischer Grünkohl, gewaschen und gezupft
- 500 ml Brühe
- 2 EL Haferflocken oder Gerstengrütze
- 4 Pinkel oder Kochwürste
- 4 Scheiben Kassler
- 1 kg Kartoffeln
- 1 EL brauner Zucker

Grünkohl „Norddeutsche Art"

ZUBEREITUNG

DIE HÄLFTE DES SCHMALZES im Topf zerlassen und den gewürfelten Bauchspeck kurz darin anbraten. Zwiebelwürfel dazugeben und glasig dünsten. Dann den Grünkohl und die Brühe hinzufügen. Das Ganze 1 ¼ Stunden kochen. Eine Viertelstunde vor Garwerden des Kohls die Haferflocken bzw. Gerstengrütze einstreuen. Dann die Würstchen und Kasslerscheiben auf den Grünkohl legen.

KARTOFFELN MIT SCHALE kochen, abgießen und pellen. In einer Pfanne das restliche Schmalz zerlassen, den Zucker dazugeben und die Kartoffeln darin goldbraun rösten.

DEN GRÜNKOHL mit den Kartoffeln zusammen servieren.

TIPP: *Die Kartoffeln können auch mit dem Grünkohl vermengt werden. Dafür die Kartoffeln schälen, waschen, in 1 cm große Würfel schneiden und statt der Haferflocken zum Grünkohl geben. Die Haferflocken wie die Kartoffeln binden das Gemüse.*

Grünkohl
„Norddeutsche Art"

INFO: Pinkel ist eine geräucherte grobkörnige Grützwurst. In den südlichen Regionen Deutschlands ist Pinkel so gut wie unbekannt und demzufolge auch kaum erhältlich.

Grünkohl mit Linsen
VEGAN

ZUTATEN *(für 4 Personen)*
400 g Berglinsen
800 g Grünkohl
1 Stk. Ingwer (7 cm)
5 Knoblauchzehen
1 Chilischote
1 Bund Basilikum
2 Zwiebeln
Öl
Salz, Pfeffer

Grünkohl mit Linsen

VEGAN

ZUBEREITUNG

DIE BERGLINSEN in Wasser bissfest kochen. Den Grünkohl vom Strunk befreien, gründlich waschen, ganz fein schneiden und in reichlich Salzwasser blanchieren. Danach durch ein Sieb abgießen und abtropfen lassen.

DEN INGWER und Knoblauch schälen, die Chilischote waschen und entkernen. Das Basilikum waschen und die Blätter abzupfen. Alle Zutaten zusammen mit evtl. etwas Wasser zu einer Paste pürieren.

DIE ZWIEBELN abziehen, klein hacken und in einem Topf in Öl braten. Danach die Ingwer-Basilikum-Paste, den Grünkohl und die Linsen zugeben. Das Ganze ca. 10 Minuten kochen. Anschließend sofort heiß servieren.

TIPP: *Dazu passt ein ofenfrisches Fladenbrot.*

ZUTATEN *(für 4 Personen)*
1 EL Olivenöl
300 g Chorizo
1 kleine Zwiebel
2 kleine Knoblauchzehen
500 g Grünkohl, gewaschen, gezupft
2 Tomaten
Salz, Pfeffer
Parmesan, gerieben
50 g Pasta (nach Belieben)

Grünkohl mit Pasta

ZUBEREITUNG

GRÜNKOHL putzen und im Salzwasser 3 Minuten blanchieren. Mit der Schöpfkelle herausheben, in Eiswasser abschrecken, abtropfen lassen und in 2 cm große Stücke schneiden.

DIE PASTA im Grünkohlwasser noch gerade al dente kochen und abgießen. Dabei etwas von dem Kochwasser auffangen. Die Chorizo in der Länge vierteln und in 1 cm lange Stücke schneiden.

DIE ZWIEBEL und die Knoblauchzehen abziehen und klein schneiden. In einer tiefen Pfanne Öl erhitzen und die Wurst darin 4–5 Minuten knusprig braten. Zwiebel und Knoblauch dazugeben und durchschwitzen. Den Grünkohl hinzufügen und 5 Minuten langsam braten. Die zuvor gewaschenen, geputzten und gewürfelten Tomaten dazugeben und schmelzen lassen. Die abgetropfte Pasta (und evtl. etwas Kochwasser) hinzufügen und 1–2 Minuten köcheln lassen. Mit Salz und Pfeffer abschmecken. Vor dem Servieren mit Parmesan bestreuen.

Grünkohl mit Pasta

Grünkohlauflauf „Mediterrane Art"

ZUTATEN *(für 4 Personen)*
800 g Kartoffeln
500 g Grünkohl, gewaschen, gezupft
50 ml Brühe
2 Knoblauchzehen, 150 g Feta
100 g Sahne
1 EL Senf
2 EL Thymian, gehackt, Salz, Pfeffer
2 Eier
150 g getrocknete, in Öl eingelegte Tomaten
40 g Parmesan

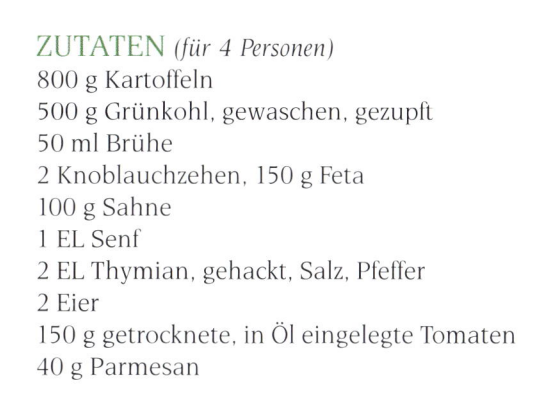

Grünkohlauflauf „Mediterrane Art"

ZUBEREITUNG

DIE KARTOFFELN in der Schale ca. 25 Minuten gar kochen. Inzwischen den Grünkohl mit Brühe in einem Topf bei kleiner Hitze bissfest garen. Die Knoblauchzehen abziehen und fein würfeln. Den Feta zerbröseln. Beides zum Grünkohl geben. Sahne, Senf und Thymian hinzufügen und das Ganze mit Salz und Pfeffer kräftig abschmecken. Den Grünkohl etwas abkühlen lassen (wichtig, sonst wird aus den Eiern Rührei) und abschließend die Eier unterrühren.

DEN BACKOFEN auf 200 °C Ober- und Unterhitze vorheizen. Die Kartoffeln abgießen, pellen und in Scheiben schneiden. Die Tomaten etwas abtropfen lassen und in Streifen schneiden. Mit den Kartoffeln in eine Auflaufform geben. Den Grünkohl darüber schichten und alles leicht durchmischen. Den Auflauf im heißen Ofen auf der mittleren Schiene bei 180 °C Umluft 25 Minuten backen. Den Parmesan reiben, darüber streuen und den Auflauf weitere 15 – 20 Minuten backen, bis die Oberfläche leicht gebräunt ist.

ZUTATEN *(für 4 Personen)*

800 g Kartoffeln
2 Zwiebeln
2 Knoblauchzehen
Gänseschmalz
1 kg Grünkohl, gewaschen, gezupft
1 EL Gemüsebrühe (Instantpulver)
0,5 TL Curry
Salz
frisch gemahlener Pfeffer
Muskat
Fett für die Auflaufform
3 Birnen
3 Eier
100 ml Sahne
250 ml Milch
40 g gehackte Mandeln

Grünkohlauflauf mit Birnen

ZUBEREITUNG

KARTOFFELN schälen, waschen, in 5 mm dicke Scheiben schneiden und ca. 5 Minuten in kochendem Salzwasser blanchieren, abgießen und trocknen.

ZWIEBELN und Knoblauchzehen abziehen, würfeln und im Gänseschmalz andünsten. Den noch nassen Grünkohl dazugeben und mit Gemüsebrühepulver, Curry, Salz, frisch gemahlenem Pfeffer und Muskat würzen. Etwa 20 Minuten schmoren, anschließend pikant nachwürzen.

EINE AUFLAUFFORM fetten und den Grünkohl sowie die Kartoffelscheiben in Reihen nebeneinanderschichten. Die Birnen schälen, entkernen, in Scheiben schneiden und auf dem Auflauf verteilen. Eier, Sahne und Milch verquirlen und mit Salz und Pfeffer kräftig würzen. Über den Auflauf gießen, mit den gehackten Mandeln bestreuen und ca. 40 Minuten im Ofen bei 180 °C Umluft backen.

Grünkohlauflauf mit Birnen

Grünkohlauflauf mit Knusperhaube

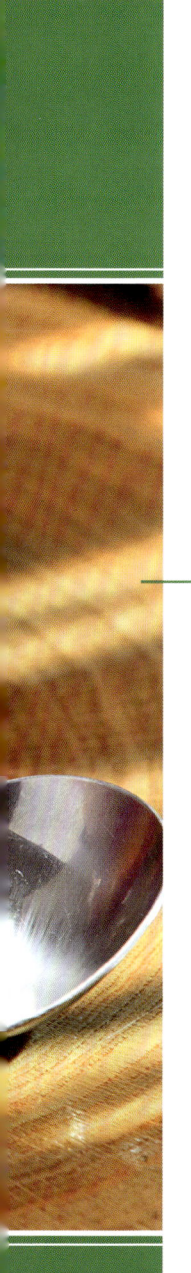

ZUTATEN *(für 4 Personen)*

800 g frischer Grünkohl	2 Eier
Salz	250 g Schlagsahne
1 Prise Zucker	100 g Walnusskerne
2 Knoblauchzehen	100 g Bergkäse
½ Bund glatte Petersilie	2 TL schwarzer Pfeffer
1 Prise Paprikapulver	1 EL Butter

Grünkohlauflauf mit Knusperhaube

ZUBEREITUNG

DEN FRISCHEN GRÜNKOHL waschen und abtropfen lassen. Die Blätter von den Stielen streifen und grob hacken. Wasser in einem Topf mit einer Prise Salz und Zucker zum Kochen bringen. Den Grünkohl darin ca. 5 Minuten sprudelnd kochen lassen. Dann in einem Sieb kalt abschrecken und abtropfen lassen.

KNOBLAUCHZEHEN abziehen, halbieren und in dünne Scheibchen schneiden. Die Petersilie abbrausen, trocken schütteln. Die Blättchen abzupfen, fein hacken und zusammen mit dem Knoblauch zum Grünkohl geben. Mit Salz und Paprikagewürz abschmecken und in einer flachen ofenfesten Form verteilen.

EIER MIT SAHNE verquirlen, salzen und über den Grünkohl geben. Den Backofen auf 200 °C vorheizen. Die Walnusskerne grob reiben, mit dem geriebenen Käse und Pfeffer verrühren und die Mischung auf dem Grünkohl verteilen. Die Butter klein würfeln und darauf legen. Den Grünkohlauflauf im Ofen bei 200 °C ca. 25 Minuten überbacken, bis die Nusskruste schön braun und knusprig ist.

ZUTATEN *(für 4 Personen)*
2 Scheiben Vollkorntoast, 100 ml Milch
1 Zwiebel, 1 TL Butter, 250 g Grünkohl
250 g gemischtes Hackfleisch
1 Ei (Größe M),
Salz, schwarzer Pfeffer, Cayennepfeffer
2 EL Olivenöl zum Braten

FÜR DIE SENFSAUCE:
1 EL Olivenöl
2 TL grobkörniger Senf
100 ml Gemüsebrühe
100 g Sahne
Salz, Pfeffer

Grünkohlbällchen an Senfsauce

ZUBEREITUNG

TOASTBROT in ca. 1 cm große Würfel schneiden. Milch lauwarm erhitzen und darüber gießen. Die Zwiebel abziehen und fein würfeln. Butter erhitzen und ca. die Hälfte der Zwiebelwürfel darin 2 Minuten glasig dünsten. Grünkohl von groben Stielen befreien, in kochendes Salzwasser geben und 10 Minuten weich kochen. Durch ein Sieb abgießen und eiskalt abschrecken. Mit den Händen ausdrücken und auf einem Schneidebrett grob hacken.

HACKFLEISCH, Ei, gedünstete Zwiebel- und Toastbrotwürfel mischen und mit Salz, Pfeffer und Cayennepfeffer abschmecken. Abschließend den gehackten Grünkohl unterheben und gut verkneten. Die Hackfleisch-Grünkohl-Masse mit angefeuchteten Händen zu kleinen Kugeln formen und etwas flach drücken. Olivenöl in einer großen Pfanne erhitzen, die Bällchen hineingeben und 4–5 Minuten bei mittlerer Hitze braten. Dann wenden und weitere 4–5 Minuten braten. Dabei mehrmals wenden und dabei auch aufrecht stellen, so dass die Ränder goldbraun gebraten werden.

FÜR DIE SENFSAUCE die zweite Hälfte der Zwiebelwürfel in 1 EL heißem Olivenöl in einem kleinen Topf 2 Minuten glasig dünsten. Den Senf einrühren und die Gemüsebrühe dazugeben. 4 Minuten bei mittlerer Hitze einkochen. Die Sahne dazugießen und weitere 5 Minuten sämig einkochen lassen. Die Sauce mit Salz und Pfeffer abschmecken und mit einem Pürierstab schaumig mixen. Die Grünkohlbällchen mit der Senfsauce auf vorgewärmten Tellern anrichten.

Grünkohlbällchen an Senfsauce

Grünkohl-Curry
MIT COUSCOUS

ZUTATEN *(für 6 Personen)*

FÜR DAS GRÜNKOHL-CURRY:
1 kg frischer Grünkohl
1 kg Lammkeule ohne Knochen
350 g Zwiebeln, 3 Knoblauchzehen
1 EL Öl, 3 EL Butter
3 EL scharfes Currypulver
2 Msp. gemahlener Zimt, Salz
600 ml Gemüsefond
200 ml ungesüßte Kokosmilch
20 g Mandelstifte

FÜR DAS COUSCOUS:
2 Zwiebeln
1 Bund glatte Petersilie
40 g Butter
300 ml Gemüsefond
1 TL Salz
300 g Couscous

Grünkohl-Curry
MIT COUSCOUS

ZUBEREITUNG

GRÜNKOHLBLÄTTER von den Stielen streifen, gründlich waschen und abtropfen lassen. Dann portionsweise in einem großen Topf 2–3 Minuten blanchieren, abschrecken, abtropfen lassen und ausdrücken.

DIE LAMMKEULE parieren (Sehnen und Fett entfernen). Dann das Fleisch in 4 cm große Würfel schneiden. Zwiebeln abziehen und fein würfeln, Knoblauchzehen abziehen und klein hacken. Öl und Butter in einem großen Bräter erhitzen. Das Fleisch in 2 Portionen bei starker Hitze von allen Seiten anbraten. Dabei jede Portion mit 1 EL Curry und 1 Msp. Zimt würzen und salzen. Mit einer Schaumkelle herausheben und beiseitestellen.

ZWIEBELN und Knoblauch im Bratfett glasig dünsten und mit restlichem Currypulver bestäuben. Grünkohl zugeben und mitdünsten. Mit Fond und Kokosmilch auffüllen. Das Fleisch unterheben und bei mittlerer Hitze zugedeckt 50–60 Minuten garen, dabei öfter umrühren. Die Mandelstifte in einer Pfanne ohne Fett goldbraun rösten.

FÜR DEN COUSCOUS Zwiebeln abziehen und fein würfeln. Petersilie fein hacken. Butter in einem Topf erhitzen und die Zwiebeln darin glasig dünsten. Dann Fond und Salz zugeben und aufkochen. Den Couscous einrühren und 2–3 Minuten quellen lassen. Die Petersilie unterheben. Den Couscous noch einmal abschmecken und zum Grünkohl servieren.

ZUTATEN *(für 4 Personen)*
10 g getrocknete Steinpilze
2 große Tassen kochendes Wasser
1 Zwiebel
150 g Champignons
2 Knoblauchzehen
1 EL Olivenöl

Salz, Pfeffer
1 große Tasse Gerstengraupen
1 Bouquet garni
1 l Gemüsebrühe
500 g Grünkohl, gewaschen, gezupft

Grünkohleintopf mit Steinpilzen VEGAN

ZUBEREITUNG

DIE GETROCKNETEN STEINPILZE in ein Gefäß geben und mit kochendem Wasser übergießen. Anschließend 30 Minuten quellen lassen. Das Wasser abgießen und auffangen. Die Steinpilze ausdrücken.

DIE ZWIEBEL abziehen und würfeln, die Champignons säubern und in dicke Scheiben schneiden, die Knoblauchzehen abziehen und zerdrücken. Dann die Zwiebelwürfel in Olivenöl andünsten. Die Champignons dazugeben und ca. 5 Minuten mit dünsten. Anschließend die Knoblauchzehen und ½ TL Salz dazugeben und das Ganze weitere 5 Minuten dünsten. Steinpilze, Gerstengraupen, das Bouquet garni, den Sud vom Einweichen der Steinpilze und die Gemüsebrühe hinzufügen. Alles aufkochen und zugedeckt ca. 25–30 Minuten köcheln lassen.

DEN GRÜNKOHL zugeben und den Eintopf weitere 15–20 Minuten köcheln lassen. Die Küchenkräuter (Bouquet garni) herausheben und den Eintopf mit Salz und Pfeffer abschmecken.

INFO: *Ein Bouquet garni ist ein – besonders in der französischen Küche – oft verwendetes Kräutersträußchen. Traditionell besteht es aus frischen Küchenkräutern: 3 Petersilienstängeln, 1 Zweig Thymian und 1 kleinem Lorbeerblatt. Das Bouquet kann ganz nach Belieben erweitert oder variiert werden.*

Grünkohleintopf mit Steinpilzen

VEGAN

Grünkohl-Gratin

*Wie der Grünkohl vorbereitet wird, ist z. B. im Rezept „Grünkohl-Curry mit Couscous" auf Seite 59 beschrieben.

ZUTATEN *(für 4 Personen)*

FÜR DEN GRÜNKOHL:
600 g Grünkohl, vorbereitet* und abgewogen
1 Zwiebel
50 g Schweineschmalz
Salz
250 g durchwachsener Bauchspeck
1 EL Kartoffelmehl
3 EL süße Sahne

FÜR DAS KARTOFFELPÜREE:
1 kg Kartoffeln
50 g Butter
250 ml heiße Milch
Salz

AUSSERDEM:
Fett für die Form
1 EL Semmelbrösel
1 EL Butterflöckchen

Grünkohl-Gratin

ZUBEREITUNG

DEN BLANCHIERTEN GRÜNKOHL fein schneiden. Die Zwiebel schälen und fein hacken. Das Schmalz bei starker Hitze zerlassen und die Zwiebel darin hellgelb rösten. Den Grünkohl hinzugeben und kurz mit erhitzen.

250 ML WASSER, eine Prise Salz und den in Scheiben geschnittenen Bauchspeck dazugeben, zum Kochen bringen und bei schwacher Hitze 30 Minuten köcheln lassen. Das Kartoffelmehl in der Sahne anrühren. Dann den Grünkohl damit binden und mit Salz abschmecken.

DEN BACKOFEN vorheizen. Für das Kartoffelpüree die Kartoffeln schälen, waschen, in Hälften schneiden und in Salzwasser gar kochen. Das Wasser abgießen, die Kartoffeln ausdampfen lassen und sofort durch die Presse geben. Dann mit der Butter und so viel heißer Milch verrühren, dass das Püree sämig wird. Mit Salz abschmecken.

DIE HÄLFTE DES PÜREES in eine gefettete Auflaufform füllen. Dann die Hälfte des Grünkohls gleichmäßig darauf verteilen, mit den Scheiben vom Bauchspeck belegen und mit dem restlichen Grünkohl bedecken. Abschließend die restliche Menge Püree darauf schichten. Ein paar Butterflöckchen darauf setzen und im Backofen bei 200 °C für ca. 15 Minuten gratinieren.

ZUTATEN (für 4 Personen)

GRÜNKOHL:
2 EL Olivenöl
(wahlweise Enten- oder Gänseschmalz)
100 g Katenschinken, fein gewürfelt
1 Zwiebel, gewürfelt
2 TL Salbei (fein gerebelt)
750 g Grünkohl (gewaschen, grob gehackt)
einige EL Wasser
Salz, Pfeffer

KÜRBIS:
400–500 g Hokkaido-Kürbis, gewürfelt
1 EL Butter, Salz, Pfeffer

AUSSERDEM:
8 Strudelteigblätter
100 g frisch geriebener Parmesan
75 g gesalzene Butter

Grünkohl-Kürbis-Pastete

ZUBEREITUNG

IN EINEM GROSSEN TOPF die Schinken- und Zwiebelwürfel anschwitzen. Salbei hinzugeben und mitdünsten. Dann nach und nach Grünkohl und Wasser hinzufügen und den Kohl knapp gar kochen. Mit Salz und Pfeffer würzen und abkühlen lassen. Die Kürbiswürfel in Butter anbraten und mit Salz und Pfeffer würzen. Anschließend ca. 5 Minuten garen, bis sie weich sind. Beiseitestellen und auskühlen lassen.

DEN BACKOFEN auf 175 °C vorheizen. Eine Springform (26 cm Durchmesser) oder eine Rosetten-Backform ausbuttern. Ein Strudelteigblatt hineinlegen, dabei die Ränder überlappen lassen. Dünn mit Butter bestreichen (auch die Ränder). Das nächste Blatt versetzt auflegen. Dazu die Form etwas drehen. So weiter verfahren, bis nur noch ein Strudelteigblatt übrig ist. Dieses beiseitelegen.

DIE HÄLFTE des Grünkohls in der Form verteilen und leicht andrücken. Darauf die Kürbiswürfel geben und mit Parmesan überstreuen. Den restlichen Grünkohl darauf glatt verteilen. Das Strudelblatt mit Butter einpinseln, auf die Hälfte zusammenfalten, wieder mit Butter einpinseln, dann auf Viertel zusammenfalten und in die Mitte der Form legen. Die Teigränder nach innen überschlagen. Die Oberseite der Pastete mit der restlichen Butter einpinseln. In den Ofen geben und ca. 25 Minuten knusprig backen.

Grünkohl-Kürbis-Pastete

Grünkohl-Maultaschen

ZUTATEN
(für 4 Personen)

FÜR DEN TEIG:
125 g Mehl
25 g Hartweizengrieß
1 Ei (Größe M)
1 Eigelb (Größe M)
1 Eiweiß (Größe M),
1 Prise Salz
1–2 EL Öl
Mehl zum Bearbeiten
des Teigs
Grieß für das Blech

FÜR DIE FÜLLUNG:
400 g frischer Grünkohl
1 Zwiebel
4 EL Olivenöl (fruchtig-
scharfe Note)
350 g Kartoffeln
Salz, Pfeffer, Muskat
3 EL Schlagsahne

AUSSERDEM:
2 kleine Zwiebeln
Olivenöl
1 EL Butter
Salz
Pfeffer
evtl. 5 Blätter Salbei

Grünkohl-Maultaschen

ZUBEREITUNG

FÜR DEN TEIG Mehl, Grieß, Ei, Eigelb, 1 Prise Salz, Öl und 1 EL Wasser in einer Küchenmaschine mit Knethaken zu einem geschmeidigen Teig von zäher Konsistenz verkneten. Den Teig in Frischhaltefolie einschlagen und eine Stunde kalt stellen.

FÜR DIE FÜLLUNG den Grünkohl putzen und die Blätter von den Stielen abstreifen. Die Kohlblätter mehrmals gründlich waschen und abtropfen lassen. Anschließend in kochendem Wasser blanchieren, kalt abschrecken, gut ausdrücken und fein hacken. Die Zwiebel abziehen und fein würfeln, dann in einem Topf in 2 EL Öl andünsten. Den Grünkohl dazugeben, salzen, pfeffern und 100 ml Wasser angießen. Halb zugedeckt 15 Minuten weich dünsten. Dann abkühlen lassen.

INZWISCHEN DIE KARTOFFELN schälen, waschen, halbieren und in kochendem Salzwasser 20–25 Minuten kochen. Abgießen, gut abdampfen lassen. Mit Salz, Muskat, Sahne und dem restlichen Öl fein stampfen. Den Grünkohl mit den Händen sehr gut ausdrücken und unter die Kartoffelmasse mischen. Die Masse abdecken und auskühlen lassen.

FÜR DIE FERTIGSTELLUNG der Maultaschen den Teig dünn ausrollen und in Bahnen auf eine bemehlte Arbeitsfläche legen. Die Füllung in haselnussgroßen Portionen jeweils auf die obere Hälfte der Teigbahnen spritzen, dabei einen 1cm breiten Rand um jede Füllung lassen. Die Ränder mit Eiweiß bestreichen, damit die Teigränder später zusammenkleben. Abschlie-

INFO: Maultaschen sind eine Spezialität der schwäbischen Küche und als solche von der EU in ihrer Herkunftsbezeichnung geschützt.

ßend die untere Hälfte der Teigbahnen über die Füllungen klappen und die Ränder drum herum fest andrücken, damit sich der Teig um die Füllung schließt. Die Taschen mit einem Teigrad trennen und nebeneinander auf einem mit Grieß bestreuten Blech anordnen.

WASSER FÜR DIE MAULTASCHEN aufsetzen. Bis es kocht, die Zwiebeln abziehen und in Ringe schneiden. Olivenöl zusammen mit der Butter erhitzen und die Zwiebelringe darin goldgelb andünsten. Mit Salz und Pfeffer abschmecken. Wer mag, kann den Salbei in feinen Streifen zum Schluss darüber streuen.

DIE MAULTASCHEN in kochendem Salzwasser 4–5 Minuten garen. Dann mit einer Schaumkelle herausheben und abtropfen lassen. Mit den Zwiebelringen belegt servieren.

Grünkohlpuffer

ZUTATEN *(für 4 Personen)*
15 g getrocknete Steinpilze
400 g Kartoffeln
500 g Grünkohl
1 Zwiebel
½ TL Majoran
3 Eier
4 EL Semmelbrösel
Salz, Pfeffer aus der Mühle

Grünkohlpuffer

ZUBEREITUNG
STEINPILZE ca. 30 Minuten in warmem Wasser einweichen. Kartoffeln mit Schale 20 Minuten kochen. Den Grünkohl putzen, waschen und die Blätter in reichlich Salzwasser 10 Minuten kochen. Anschließend in einem Sieb abtropfen lassen.

KARTOFFELN pellen und grob reiben. Die Grünkohlblätter trocken tupfen und fein hacken. Die Steinpilze ausdrücken und eventuell klein schneiden. Die Zwiebel abziehen und fein würfeln.

DIESE ZUTATEN mit Eiern, Semmelbröseln und dem klein geschnittenen Majoran zu einem Teig vermengen und mit Salz und Pfeffer abschmecken. In heißem Öl aus dem Teig kleine Puffer backen.

TIPP: *Dazu passt ein leckerer Joghurt- oder Quarkdip wunderbar.*

ZUTATEN *(für 4 Personen)*

FÜR DEN STRUDEL:
200 g Kartoffeln, 4 EL Butterschmalz
400 g frischer Grünkohl
1 Zwiebel (mittlere Größe), 2 Knoblauchzehen
250 g Hackfleisch, Salz, Pfeffer
3 Stängel Oregano, Blätter gezupft, gehackt
1 Stängel Rosmarin, Nadeln gezupft, gehackt
1 Packung Strudelblätter
Butter, Mehl

FÜR DIE SCHNITTLAUCHSAUCE:
1 Becher Sauerrahm
3 EL Milch
1 Bund Schnittlauch
Salz, Pfeffer

Grünkohlstrudel
MIT SCHNITTLAUCHSAUCE

ZUBEREITUNG

GESCHÄLTE und gewaschene Kartoffeln in 1 cm große Würfel schneiden. In einer Pfanne in Butterschmalz bei mittlerer Hitze kross braten (ab und zu wenden). Grünkohl waschen, gut abtropfen lassen. Die Blätter von den Stielen schneiden und grob hacken.

GEWÜRFELTE ZWIEBEL und Knoblauchzehe in heißem Butterschmalz in einer großen Pfanne glasig dünsten. Hackfleisch dazugeben und ca. 10–12 Minuten durchbraten. Grünkohl in kochendem Salzwasser 3 Minuten blanchieren, abgießen und abtropfen lassen. Mit dem Hackfleisch mischen und mit Kräutern, Salz und Pfeffer würzen.

STRUDELTEIGBLÄTTER auslegen, mit zerlassener Butter bestreichen und aufeinanderlegen. Strudelteig auf ein bemehltes Küchentuch legen. Die Grünkohl-Hackfleisch-Füllung mit den Kartoffeln mittig auf dem Teig verteilen (an den Längsenden jeweils einen Rand von 5 cm lassen). Den Strudel mit Hilfe des Küchentuchs aufrollen, die Seiten einschlagen. Auf ein Backblech legen und mit etwas Butter bestreichen. Im vorgeheizten Backofen auf der mittleren Schiene bei 180 °C Ober- und Unterhitze (Umluft: 160 °C) 40–45 Minuten backen.

SCHNITTLAUCH mit Sauerrahm und Milch glatt rühren, mit Salz und Pfeffer abschmecken. Die Schnittlauchsauce separat zum Strudel servieren.

Grünkohlstrudel

MIT SCHNITTLAUCHSAUCE

Italienische Pfannkuchen

MIT GRÜNKOHL (CRESPELLE)

INFO: Crespelle sind die italienische Variante der französischen Crêpes. Sie können genau wie diese süß oder herzhaft zubereitet und auf vielfältige Art gefüllt oder bestrichen werden.

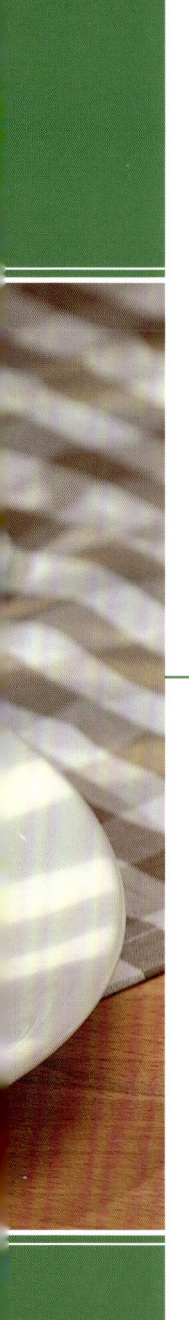

ZUTATEN *(für 4 Personen)*

500 g Grünkohl	125 g Weizenmehl,
2 Zwiebeln	Typ 1050
20 g Butterschmalz	2 EL Öl
Jodsalz, schwarzer Pfeffer	250 ml Gemüsebrühe
Muskatnuss (frisch gerieben)	2 EL Schmand
2 Eier	100 g korsischer
125 ml Milch	Schafskäse

Italienische Pfannkuchen

MIT GRÜNKOHL (CRESPELLE)

ZUBEREITUNG

DEN GRÜNKOHL waschen, putzen und abtropfen lassen. Die Zwiebeln in Spalten schneiden und im heißen Butterschmalz andünsten. Den Grünkohl dazugeben und zugedeckt ca. 20 Minuten dünsten. Dabei den Kohl ab und zu umrühren. Den Schmand mit dem Grünkohl vermischen.

EIER, MILCH, 125 ml Wasser, 100 g Mehl und eine Prise Salz verrühren. Eine beschichtete Pfanne sparsam mit Öl einpinseln. Acht dünne Pfannkuchen darin ausbacken, dabei zwischendurch die Pfanne mit Öl einpinseln.

DEN GRÜNKOHL auf die Pfannkuchen verteilen, diese wie Tüten falten und in eine Auflaufform schichten. Das restliche Mehl in einem Topf ohne Fett rösten, bis es zu duften beginnt. Dann die Gemüsebrühe einrühren und 5 Minuten köcheln lassen. Mit Salz, Pfeffer und Muskat abschmecken. Dann die Brühe über die dünnen „Pfannkuchen-Tüten" (Crespelle) gießen. Den Schafskäse zerbröseln und darüber streuen. Die Crespelle für ca. 30 Minuten im Backofen bei 200 °C (Ober- und Unterhitze) backen.

Klöße mit

ZUTATEN
(für 4 Personen)

FÜR DIE FÜLLUNG:
300 g Grünkohl, gewaschen, gezupft
1 Zwiebel
1 Brötchen vom Vortag
50 g durchwachsener Speck
250 g Hackfleisch, gemischt
Salz
schwarzer Pfeffer aus der Mühle
Paprikapulver (rosenscharf)
1 Knoblauchzehe
2 Eier

FÜR DIE KLÖSSE:
750 g rohe Kartoffeln, mehligkochend
750 g Kartoffeln vom Vortag (gekocht, gepellt), mehligkochend
2 Eier
ca. 200 g Mehl
Muskatnuss, frisch gerieben
3 EL Semmelbrösel
80 g Butter

Grünkohl-Hackfleisch-Füllung

Klöße mit

ZUBEREITUNG

FÜR DIE FÜLLUNG die Zwiebel abziehen und wie den Grünkohl fein hacken. Das Brötchen und den Speck in kleine Würfel schneiden. In einer Pfanne den Speck auslassen und beiseitestellen. Das Hackfleisch krümelig braten, dabei öfter wenden. Dann die Zwiebel untermischen und kurz mitbraten. Die Brötchenwürfel unterrühren, dann alles kräftig mit Salz, Pfeffer und Paprikapulver würzen. Die Knoblauchzehe abziehen und durch die Presse dazugeben. Grünkohl und Speck untermischen und weitere 10 Minuten unter Rühren braten. Abschließend abschmecken, von der Herdplatte nehmen und abkühlen lassen.

Grünkohl-Hackfleisch-Füllung

2 Eier verquirlen und unterziehen.

FÜR DEN KLOSSTEIG die rohen Kartoffeln schälen, waschen und fein reiben. Dann in einem Küchentuch fest auspressen. Die gekochten, gepellten Kartoffeln vom Vortag durch die Kartoffelpresse drücken. Gekochte und rohe Kartoffeln in einer Schüssel mischen. 2 Eier und so viel Mehl unterkneten, dass ein geschmeidiger Teig entsteht, der nicht an den Fingern haften bleibt. Den Teig mit Salz, Pfeffer und geriebener Muskatnuss würzen.

DIE HÄNDE KALT ABSPÜLEN. Dann aus dem Teig die Klöße formen und mit der Grünkohl-Hackfleisch-Mischung füllen. Dazu jeweils eine faustgroße Menge Teig abnehmen, in die Handfläche geben und eine Vertiefung hineindrücken. Pro Kloß ca. 1 EL von der Füllung hineingeben, den Teig drum herum zusammendrücken und glatte Klöße rollen. Sie sollten mindestens doppelt so groß sein wie normale Beilagen-Klöße. Anschließend reichlich Salzwasser aufkochen, die Klöße hineingeben und das Salzwasser kurz aufwallen lassen. Die Hitze verringern und die Klöße etwa 30 Minuten ziehen lassen. Die Semmelbrösel abschließend in Butter goldgelb rösten und über die Klöße gießen.

TIPP 1: Die Klöße mit grünem Blattsalat servieren.

TIPP 2: Statt den Teig selbst herzustellen, wie im Rezept beschrieben, kann man ebenso gut fertigen Kloßteig „½ und ½" verwenden. Zu den gerösteten Semmelbröseln passt sehr gut eine Speck-Rahm-Sauce.

Orangen-Grünkohl mit

ZUTATEN *(für 4 Personen)*

FÜR DEN ORANGEN-GRÜNKOHL:
1 kg frischer Grünkohl
5 Zwiebeln
1 Knoblauchzehe
100 g Butterschmalz
200 ml Gemüsefond
300 ml Orangensaft
Salz, Pfeffer
2 TL flüssiger Honig
30 g frischer Meerrettich
(oder aus dem Glas)
3 unbehandelte Orangen

FÜR DIE ORANGEN-SAUCE UND ENTENBRUST:
70 g Butter
1 rote Pfefferschote
6 Entenbrustfilets (à 180 g)
Salz, Pfeffer, 1 EL Öl
100 ml Geflügelfond
150 ml frisch gepresster
Orangensaft

FÜR DIE MINIKARTOFFELN:
600 g kleine Kartoffeln
Muskatnuss, 1 EL Zucker
30 g Semmelbrösel
50 g Butterschmalz

Entenbrust an Orangensauce

Orangen-Grünkohl mit

ZUBEREITUNG

GRÜNKOHL putzen, die Blätter vom Strunk streifen und mehrmals gründlich in kaltem Wasser waschen. Dann in kochendem Salzwasser 10 Minuten kochen, abschrecken, ausdrücken und grob hacken.

ZWIEBELN und Knoblauch abziehen, die Zwiebeln fein würfeln, den Knoblauch fein hacken. 100 g Butterschmalz in einem Topf erhitzen, die Zwiebelwürfel und Knoblauch darin bei mittlerer Hitze glasig dünsten. Grünkohl zugeben und 5 Minuten mit dünsten. Mit Gemüsefond und Orangensaft ablöschen und zugedeckt bei mittlerer Hitze 1 Stunde garen. Dabei öfter umrühren. Mit Salz, Pfeffer und Honig würzen.

MEERRETTICH schälen und fein reiben. Die Orangenschale hauchdünn abschälen und in feine Streifen schneiden. Die Orangen so schälen, dass auch die weiße Zwischenhaut entfernt wird. Mit einem scharfen Messer Filets herauslö-

Entenbrust an Orangensauce

sen. Meerrettich, Orangenschale und -filets unter den Grünkohl mischen und noch einmal aufkochen.

FÜR DIE ORANGENSAUCE die Butter klein würfeln und ins Gefrierfach stellen. Die Pfefferschote abwaschen, in der Länge halbieren, entkernen und sehr fein würfeln.

DIE HAUTSEITE der Entenbrustfilets im Abstand von 1 cm mehrmals in Rauten einschneiden. Filets salzen und pfeffern. Öl in einer großen Pfanne erhitzen. Die Filets auf der Hautseite bei starker Hitze ca. 4 Minuten anbraten, wenden und noch einmal 3 Minuten braten. Dann die Filets mit der Hautseite zuoberst auf ein Backblech legen und im vorgeheizten Backofen bei 220 °C Ober- und Unterhitze (Umluft: 200 °C, Gas: Stufe 4) auf der 2. Schiene von unten 7–8 Minuten garen.

DAS BRATFETT zur Hälfte aus der Pfanne nehmen. Die Pfanne wieder erhitzen, mit Geflügelfond und Orangensaft ablöschen und in 5–6 Minuten auf ein Drittel einreduzieren. Die gefrorenen Butterwürfel einrühren und die Sauce damit binden. Dann die Pfefferschotenwürfel zugeben. Die Sauce herzhaft mit Salz und Pfeffer würzen. Die Entenbrustfilets in dünne Scheiben schneiden und mit Orangensauce und Orangen-Grünkohl servieren.

TIPP: *Dazu passen gebratene Minikartoffeln. Kartoffeln waschen und ungeschält 20 Minuten in kochendem Salzwasser garen. Abgießen, abkühlen lassen und pellen. Butterschmalz in einer beschichteten Pfanne zerlassen. Kartoffeln bei starker Hitze 5 Minuten braten. Mit Salz, Pfeffer und Muskat würzen. Mit Zucker und Semmelbröseln bestreuen und noch einmal 3 Minuten goldbraun braten.*

Paprika mit Grünkohlfüllung

ZUTATEN
(für 4 Personen)
FÜR DAS PESTO:
20 – 50 g Pinienkerne
1 – 5 Knoblauchzehen
(nach Belieben)
1 Bund Basilikum
8 – 12 EL Parmesan, frisch
gerieben
Salz
schwarzer Pfeffer
0,15 l gutes Olivenöl
(vergine)

FÜR DAS GEMÜSE:
500 g frischer Grünkohl
je 1 rote und grüne Paprika
100 ml Gemüsebrühe
1 Knoblauchzehe
1 EL braune Butter
1 EL Butter
1 Msp. Cayennepfeffer
Salz
Muskatnuss, frisch gerieben
1 Msp. Orangenabrieb

Paprika mit Grünkohlfüllung

ZUBEREITUNG

FÜR DAS PESTO In einer Pfanne die Pinienkerne ohne Fett leicht Farbe nehmen lassen. Dabei die Pfanne permanent schwenken und darauf achten, dass die Pinienkerne nicht verbrennen (passiert schnell). Direkt in eine Schüssel geben.

KNOBLAUCHZEHE(N) abziehen und klein hacken (geht gut mit einem Wiegemesser). Salz und Knoblauch in einem Mörser zu einer homogenen Paste stampfen und rühren. Bei den Zugaben der weiteren Zutaten ständig weiter stampfen und rühren. Das Basilikum etwas zerrupfen und zugeben, dann Parmesan, Pfeffer, Pinienkerne und in kleinen Mengen das Olivenöl hinzufügen. Die homogene Paste abschmecken und eventuell nachwürzen.

DANN DIE GRÜNKOHLBLÄTTER von den Stielen zupfen, gründlich waschen und abtropfen lassen. In kochendem Salzwasser 1–2 Minuten kochen, kalt abschrecken und mit den Händen das überschüssige Wasser ausdrücken. Die Paprikaschoten halbieren, vom Strunk befreien, entkernen, waschen und in kochendem Salzwasser bissfest garen (dabei nicht zu weich werden lassen).

JETZT DEN GRÜNKOHL mit der Gemüsebrühe in eine heiße Pfanne geben. Knoblauch

TIPP: *Die schnelle Variante bei der Herstellung des Pestos ist die Zubereitung im Zerkleinerer. Dafür alle Zutaten hineingeben und fein mixen. Auch hier im letzten Schritt das Pesto abschmecken und eventuell nachwürzen.*

schälen und hinzufügen. Dann die braune Butter (Butter, in einem Topf gebräunt) dazugeben und mit Salz, Cayennepfeffer und Muskatnuss würzen. Anschließend 5 Minuten köcheln lassen. Dann die Knoblauchzehe herausnehmen. Die Flüssigkeit in ein Gefäß abgießen und mit dem Pesto und der Butter mit einem Stabmixer aufmixen. Wieder zum Grünkohl geben und gut vermengen. Dann durchschwenken und den Orangenabrieb hinzufügen. Noch einmal umrühren.

ABSCHLIESSEND den Grünkohl in die Paprikahälften füllen und in eine gefettete Auflaufform setzen. Mit Butterflöckchen belegen und im vorgeheizten Backofen bei 180 °C Umluft ca. 10 Minuten bräunen.

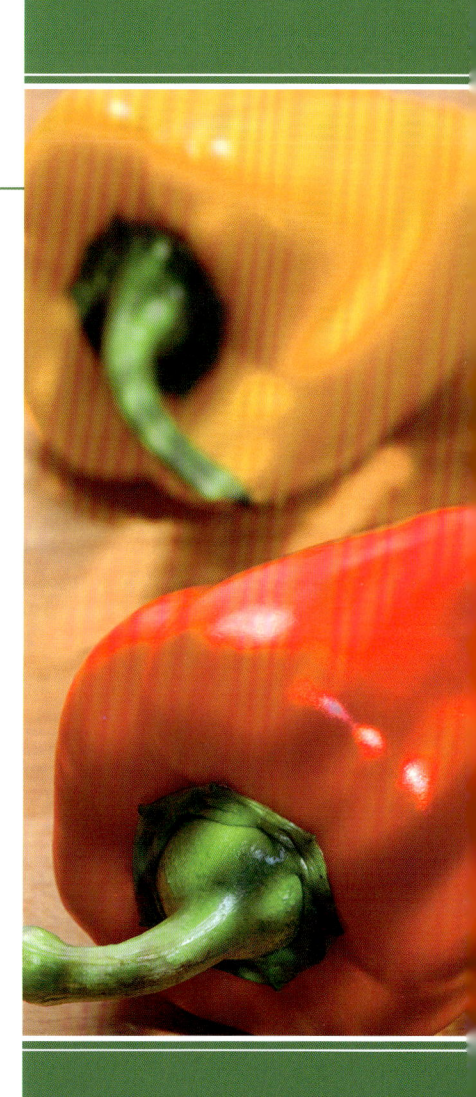

Schwedische Grünkohltorte

TIPP: *Die Torte schmeckt auch sehr gut, wenn sie mit Lachs, Schinken oder Speck zubereitet wird. Dafür wird die gewünschte Zutat in Würfeln unter die Grünkohlmischung gegeben. Wer den würzig-scharfen Geschmack des Blauschimmelkäses nicht mag, kann ihn auch durch Cheddar oder Gouda ersetzen.*

ZUTATEN *(für 4 Personen)*

FÜR DEN TEIG:
2½ Tassen Mehl
75 g Butter oder Margarine
¾ Tasse Magerquark

FÜR DIE FÜLLUNG:
500 g Grünkohl
3 rote Zwiebeln
Butter oder Margarine
Öl, Salz
schwarzer Pfeffer
2 Tassen Blauschimmelkäse
1 Tasse grob gehackte Walnüsse

FÜR DIE FERTIGSTELLUNG:
3 Eier
2 Tassen Schlagsahne
1 Tasse Milch

Schwedische Grünkohltorte

ZUBEREITUNG

FÜR DEN TEIG Mehl und Butter in eine Schüssel geben und kräftig durchkneten. Dann den Quark hinzufügen und einarbeiten. Anschließend den Teig schnell in eine Tarte-Auflaufform mit hoher Kante und 24 cm Durchmesser hineindrücken. Dann mit einer Gabel Löcher in den Teig stechen. Den Teig 30 Minuten im Kühlschrank ruhen lassen.

FÜR DIE FÜLLUNG den Grünkohl putzen, grob hacken und waschen. Dann den nassen Grünkohl in einem Topf ein paar Minuten dünsten. Die Zwiebeln schälen, in Scheiben schneiden und in Butter mit dem Grünkohl braten. Mit Salz und Pfeffer würzen.

DEN TORTENBODEN 10 Minuten bei 200 °C Oberhitze vorbacken. Dann mit dem Grünkohl und dem Käse belegen.

EIER, SCHLAGSAHNE und Milch verrühren und über den Grünkohl und den Käse geben. Mit Walnüssen bestreuen und auf der unteren Schiene für 35–40 Minuten im Ofen backen.

Schnupper-Rezept

Mediterrane Kartoffelstäbchen

ZUTATEN *(für 4 Personen)*
2 kg große Frühkartoffeln (können ungeschält gegessen werden)
Olivenöl
5 Knoblauchzehen
3 Zweige Rosmarin
Meersalz, Pfeffer
1 unbeh. Zitrone

ZUBEREITUNG
ZUNÄCHST ein Backblech im Backofen bei 200 °C Ober- und Unterhitze vorheizen. Die Kartoffeln gut waschen, trocken reiben und in 1 cm dicke Stäbe schneiden. Ca. 10 Minuten in Salzwasser vorkochen und abgießen.

IN EINER PFANNE etwas Olivenöl erhitzen, die geschälten Knoblauchzehen mit den Kartoffeln darin wenden. Mit Pfeffer würzen. Alles auf das vorgewärmte Backblech verteilen und ca. 20 Minuten im Backofen goldbraun backen.

WÄHRENDDESSEN die Rosmarinnadeln abzupfen, mit der Zitronenschale fein hacken und mit Meersalz mischen. Variante: Die Zutaten in einen Mörser geben und zerreiben.

DIE KARTOFFELSTÄBCHEN, wenn sie aus dem Ofen kommen, direkt mit Salz bestreuen.

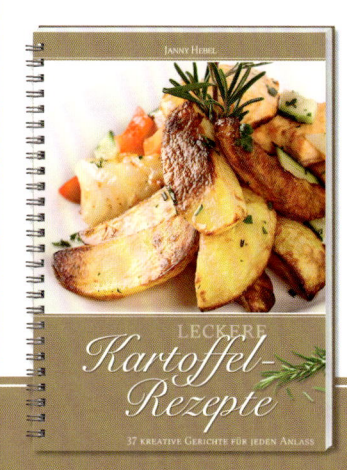

Leckere Kartoffel-Rezepte
96 Seiten, Spiralbindung
€ 9,95
ISBN 978-3-7843-5105-6

... und 36 weitere

Mediterrane Kartoffelstäbchen

kreative Gerichte der „Leckere …" Erfolgsreihe.

Schnupper-Rezept

Spinat-Lachs-Torte

ZUTATEN
4 Eier
100 g Weizenvollkornmehl
100 g weiche Butter
200 g Quark
300 g Blattspinat, tiefgekühlt
250 g Lachsfilet
250 g Emmentaler, gerieben
1 TL gekörnte Brühe
Salz oder Kräutersalz, Pfeffer

ZUBEREITUNG
DEN TIEFGEKÜHLTEN BLATTSPINAT auftauen lassen. Das Lachsfilet in mundgerechte Stücke schneiden. Den Backofen auf 180 °C vorheizen.

EIER, VOLLKORNMEHL, BUTTER UND QUARK mit dem Rührgerät zu einem geschmeidigen Teig verarbeiten. Spinat, Lachs und den geriebenen Käse zur Teigmasse geben und vorsichtig mit einem Holzlöffel unterheben. Alles mit der gekörnten Brühe, Salz und Pfeffer abschmecken.

DEN TEIG in eine gefettete Springform (26 cm Durchmesser) geben und 30 – 35 Minuten backen. Die Torte kann heiß oder kalt gegessen werden.

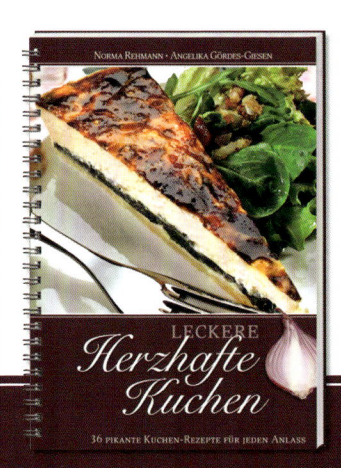

Leckere
Herzhafte Kuchen
96 Seiten, Spiralbindung
€ 9,95
ISBN 978-3-7843-5044-8

… und 35 weitere pikante

Spinat-Lachs-Torte

herzhafte Kuchen der „Leckere…"-Erfolgsreihe.

LV.Buch — Wir lieben das Landleben.

…einfach

Tolle Rezepte zu den verschiedensten Themen. Keine überladenen Ideen,

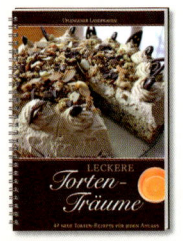

Leckere Torten-Träume
96 Seiten,
Spiralbindung
€ 9,95
ISBN 978-3-7843-5025-7

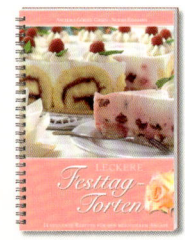

Leckere Festtags-Torten
104 Seiten,
Spiralbindung
€ 9,95
ISBN 978-3-7843-5092-9

Leckere Schnelle Rührkuchen
96 Seiten,
Spiralbindung
€ 9,95
ISBN 978-3-7843-5093-6

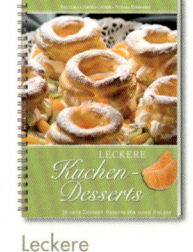

Leckere Kuchen-Desserts
96 Seiten,
Spiralbindung
€ 9,95
ISBN 978-3-7843-5035-6

Leckere Einfache Nachspeisen
96 Seiten,
Spiralbindung
€ 9,95
ISBN 978-3-7843-5149-0

Leckere Schokoladen-Sünden
96 Seiten,
Spiralbindung
€ 9,95
ISBN 978-3-7843-5076-9

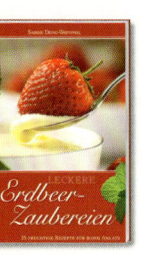

Leckere Erdbeer-Zaubereien
96 Seiten,
Spiralbindung
€ 9,95
ISBN 978-3-7843-5127-8

Leckere Marmeladen-Rezepte
96 Seiten,
Spiralbindung
€ 9,95
ISBN 978-3-7843-5126-1

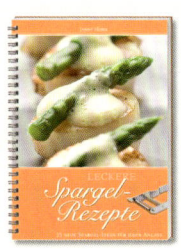

Leckere Spargel-Rezepte
96 Seiten,
Spiralbindung
€ 9,95
ISBN 978-3-7843-5073-8

Leckere Grünkohl-Rezepte
96 Seiten,
Spiralbindung
€ 9,95
ISBN 978-3-7843-5138-4

Landwirtschaftsverlag Münster

lecker!

sondern einfache, kreative Gerichte. Mit praktischer Spiralbindung!

BEST SELLER Reihe

Erprobte Rezepte, spiralgebunden, für je € 9,95

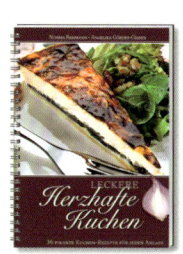

Leckere Herzhafte Kuchen
96 Seiten,
Spiralbindung
ISBN 978-3-7843-5044-8

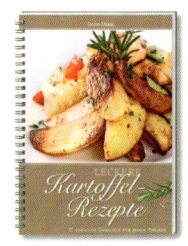

Leckere Kartoffel-Rezepte
96 Seiten,
Spiralbindung
€ 9,95
ISBN 978-3-7843-5105-6

Leckere Hackfleisch-Rezepte
96 Seiten,
Spiralbindung
€ 9,95
ISBN 978-3-7843-5090-5

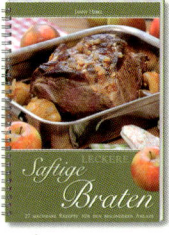

Leckere Saftige Braten
96 Seiten,
Spiralbindung
€ 9,95
ISBN 978-3-7843-5158-2

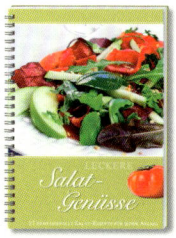

Leckere Salat-Genüsse
96 Seiten,
Spiralbindung
€ 9,95
ISBN 978-3-7843-5075-2

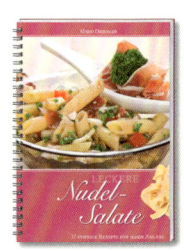

Leckere Nudel-Salate
96 Seiten,
Spiralbindung
€ 9,95
ISBN 978-3-7843-5080-6

Leckere feine Suppen
96 Seiten,
Spiralbindung
€ 9,95
ISBN 978-3-7843-5074-5

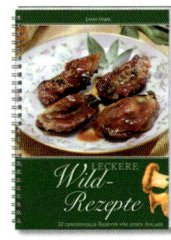

Leckere Wild-Rezepte
104 Seiten,
Spiralbindung
€ 9,95
ISBN 978-3-7843-5091-2

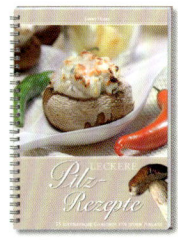

Leckere Pilz-Rezepte
96 Seiten,
Spiralbindung
€ 9,95
ISBN 978-3-7843-5125-4

Erhältlich in jeder Buchhandlung oder unter www.buchweltshop.de

LV·Buch im Landwirtschaftsverlag GmbH · 48084 Münster

LV·Buch
im Landwirtschaftsverlag GmbH,
48084 Münster

© Landwirtschaftsverlag GmbH,
Münster, 2011

Impressum

DAS WERK einschließlich aller seiner Teile ist urheberrechtlich geschützt. Jede Verwertung außerhalb der engen Grenzen des Urheberrechtsgesetzes ist ohne Zustimmung des Verlages unzulässig und strafbar. Das gilt insbesondere für Vervielfältigungen, Übersetzungen und die Einspeicherung und Verarbeitung in elektronischen Systemen.

REZEPTE:
Janny Hebel

FOTOS:
Merle Cramer, Münster
(außer S. 14, Digitalstock)

LEKTORAT:
Sabine Deing-Westphal, Rhede

GESTALTUNG:
Monika Wagenhäuser, LV·Buch

DRUCK:
LV.Druck GmbH & Co. KG, Münster

ISBN 978-3-7843-5138-4